태양은 왜 빛날까?

민음 바칼로레아 004

태양은
왜 빛날까?

알랭 부케 | 곽영직 감수 | 김성희 옮김

민음in

차례

1

태양은 무엇일까?

태양은 완벽할까?

태양은 왜 빛날까? 좋은 질문이다. 하지만 이런 질문을 던지는 사람은 별로 없다. 바다가 파랗고, 잎은 초록색이고, 사과는 사과나무에서 열리는 것처럼, 태양은 당연히 빛나는 것이니까 말이다. 굳이 애써 따질 게 뭐가 있나 싶다. 하지만 질문을 던져 놓고 보니 왜 그런 것일까 하고 정말로 궁금해진다. 그리고 이어서 다른 의문들도 떠오른다. 태양은 얼마나 오래전부터 빛나고 있었던 것일까? 언젠가는 꺼져 버릴 수도 있는 걸까? 저 광활한 우주에 또 다른 태양도 존재할까?

이와 같은 태양에 대한 여러 가지 의문들에 답하기 앞서 먼저 태양은 어떤 성질을 가지고 있는지 살펴보자.

태양은 생명이 살아가는 데 꼭 필요한 빛과 열을 가져다주는 생명의 근원이다. 하지만 다른 한편으론 태양은 가뭄과 화재를 부를 수도 있기 때문에 죽음의 근원이기도 하다. 태양은 마치 신처럼 창조와 파괴라는 양면성을 가지고 있다.

예로부터 아주 위대한 왕을 가리켜 '태양의 아들'이라고 말하는 것만 봐도 사람들이 태양의 힘을 어떻게 생각하는지 알 수 있다. 멀고 먼 저 하늘에서 눈부시게 빛나는 태양은 완벽하게 규칙적인 운행을 하며, 언제나 한결같이 지구를 비추고 있다. 달은 끊임없이 커졌다 작아졌다 하는데 말이다. 이런 특징 때문에 태양은 더할 나위 없이 완전무결한 것으로 생각되어 완벽함과 영원함의 상징이 되어 왔다. 밤은 태양이 검은 옷을 입고 죽음이 지배하는 신비로운 세계를 지나는 시간인지도 모른다. 그리고 아침이면 탄생의 피를 연상시키는 붉은 빛 속에서 다시 나타나는 것이다. 태양이 다시 솟는 것은 생명이 다시 태어나는 것과도 같다. 그렇다면 태양은 혹시 신이 아닐까? 그것도 우두머리 신 말이다. 아니면 적어도 최고신의 눈동자 정도는 되지 않을까?

만약 그게 사실이라면, 태양의 성질이니 기능이니 하는 것에 대해 질문을 던지는 것은 불경한 일이다. 태양의 기원이나 성질 같은 것은 신의 영역에 속하는 것으로 인간이 생각할 수 있는 것이 아닐 테니까 말이다. 태양에 대해 질문을 던지는 일

태양의 정체는 도대체 무엇일까?

은 태양을 신의 자리에서 끌어내려 물질 세계에 속하는 하나의 물체로 볼 때에만 가능한 것이다. 그렇다면 태양은 어떤 성질을 지닌 물체일까?

물체 중에서 태양과 가장 비슷한 것은 불이다. 불 역시 태양과 마찬가지로 빛과 열을 가져다주고, 화상을 입히거나 화재를 일으킨다. 어쩌면 불은 그리스 신화에 나오는 영웅이나 전설 속의 동물이 훔쳐온 태양의 파편일지도 모른다. 만약 그게 사실이라면, 그 옛날 어떤 민족이 그랬던 것처럼 큰 불을 피워 거꾸로 약해진 태양에 약간이라도 기운을 돌려줄 수 있지 않을까? 혹시 태양은 커다란 숯불 같은 것은 아닐까?

그리스 철학자들은 오랫동안 불과 태양을 연결해 왔다. 아리스토텔레스*만 빼고 말이다. 아리스토텔레스는 불은 본래 지구로 멀어지는 수직 상승 운동을 하는 반면 태양은 지구 주위를 도는 회전 운동을 한다는 것에 주목했다. 따라서 아리스토텔레스에게 태양과 불은 같은 성질의 것이 될 수 없었다. 또한 지구상의 모든 물질이 물, 흙, 공기, 불이라는 네 가지 기본

• • • •

아리스토텔레스(Aristoteles, 기원전 384~기원전 322) 고대 그리스의 철학자. 플라톤의 제자로, 자연에 관심을 두고 경험주의적 철학과 종합적인 학문을 탐구했다.

원소로 이루어져 있다면, 그는 태양은 제5원소로 이루어져 있다고 주장했다. 앞의 네 가지 원소와는 달리 제5원소는 변하지 않는 영원한 것으로, 지상 세계에는 필연적으로 존재하는 우연성과 쇠퇴가 없는 천상 세계에 속한 물체였다. 이러한 아리스토텔레스의 물리학은 그 후 2000년 동안 완고하게 이어져 내려왔다.

르네상스 시대에 이르러서야 아리스토텔레스 이론의 결함이 처음으로 밝혀졌다. 천상 세계가 그때까지 생각해 온 것처럼 변함 없는 것이 아니라는 사실이 드러난 것이다. 새로운 별이 갑자기 나타났다가 몇 주 후에 사라지는 **신성**(nova stella)이라 불리는 천문학적 현상이 관측되었기 때문이다. 라틴어 노바 스텔라는 새로운 별을 뜻한다.

한편, 덴마크 천문학자 티코 브라헤*는 일시적으로 나타났다가 사라지는 혜성들이 달보다 더 먼 곳에서 움직이고 있다는 것을 증명했다. 이때 사람들은 기회만 좋으면 태양 앞을 지나

* * *

티코 브라헤(Tycho Brahe, 1546~1601) 덴마크의 천문학자. 신성을 광도 관측하여 일약 유명해졌으며, 평생 행성과 혜성 관측에 매진했다. 그의 관측 결과는 제자 케플러에게 넘어가, 케플러가 행성 운동의 법칙을 세우는 데 밑거름이 되었다. 노바 스텔라는 브라헤의 저서 제목이기도 하다.

가는 혜성의 그림자를 볼 수 있다고 생각했다. 하지만 갈릴레이가 망원경으로 관측한 결과, 그 그림자는 사실 태양 표면에 일시적으로 나타나는 흑점에 지나지 않는다는 것이 밝혀졌다.

프랑스 작가 퐁트넬*은 1686년 『세계의 다원성에 관한 대화』라는 책에 당시의 충격을 그대로 옮겨놓고 있다.

얼마 전까지만 해도 우리들 철학자 모두는 하늘과 하늘에 있는 모든 물체가 변하지 않고 변할 수도 없다는 주장이 경험상 옳다고 믿고 있었다. 태양은 하나의 특수한 물체였던 것이다. 그런데 어떤 물체란 말인가? 이것을 말하기가 참으로 쉽지 않았다. 어디까지나 태양은 순수한 불이라고 늘 믿어 왔다. 하지만 금세기가 시작되면서 그것이 틀린 생각임이 밝혀졌다. 태양 표면에서 흑점이 발견된 것이다. 흑점들은 태양 불의 연료로 쓰이는 커다란 고체 덩어리의 일부분일지도 모른다. 만약 태양이 고체 물질을 연료로 해서 타는 불이라면 우리에게 좋을 건

● ● ●

베르나르 르 보비에 드 퐁트넬(Bernard Le Bovier de Fontenelle, 1657~1757) 프랑스의 계몽 사상가. 과학 사상을 널리 보급하고 선전해서 당시 큰 인기를 끌었다. 『세계의 다원성에 관한 대화(*Entretiens sur la pluralité des mondes*)』는 밤하늘 아래에서 귀부인을 상대로 천문학 이야기를 풀어나가는 책이다.

없다. 그 고체 물질이 언젠가는 다 타 버리게 될 테니까 말이다. 사람들은 예전에 벌써 큰일 날 뻔한 일이 있었다고 말한다. 카이사르가 죽은 지 몇 년 뒤에 태양이 한 해 동안 내내 몹시 희미했던 적이 있었다고 한다.

그런데 태양이 정말 다 타면 없어지는 그런 존재일까?

태양은 언제부터 타고 있었을까?

태양 안에서 무엇인가가 타고 있다면 당연히 그 물질이 무엇인지에 관심이 쏠릴 수밖에 없다. 그런데 그에 앞서 걱정스러운 질문이 먼저 떠오른다.

혹시 그 연료가 다 떨어지는 일은 없을까? 그래서 태양이 꺼지게 되는 일이 일어나지는 않을까? 그런데 태양은 언제부터 타고 있었던 것일까?

이제 이 질문들은 더 이상 철학의 영역이 아니다. 그것은 물리학이 밝혀내야 할 일이었으며, 실제로 측정할 수 있는 수와 양의 개념을 사용해서 답할 수 있었다. 17세기 물리학에서는 아직 좀 모호하긴 했지만 온도와 에너지라는 개념이 강조된다.

특히 복사 현상*과 열에 대한 연구(열역학)가 활발하게 진행되어, 뜨거운 물체의 온도와 그 물체가 방출하는 빛의 색깔 사이의 관계를 수량화할 수 있었다. 그 결과 '태양이 빛나는 것은 뜨겁기 때문이다.'라는 믿음이 널리 퍼졌다. 섭씨 5500도라는 표면 온도가 태양의 아름다운 노란빛을 만들어 낸다고 본 것이다. 따라서 다음과 같은 결론이 내려졌다. 태양은 뜨겁고, 그래서 빛난다. 그런데 왜 태양은 뜨거울까? 그리고 부수적이지만 중요한 질문 하나 더. 태양은 언제부터 뜨거웠던 걸까?

1850년 독일의 물리학자 헤르만 폰 헬름홀츠*와 로베르트 폰 마이어*는 열역학 제1법칙, 즉 **에너지 보존의 법칙**을 발표한

● ● ●

복사 현상 에너지를 가진 물질이 중간 매개체 없이 전자기파의 형태로 다른 물질에 그 에너지를 전달하는 것을 말한다. 예를 들어, 난로 앞에 서 있으면 따뜻해지는 것은 난로가 내놓는 복사 에너지 때문이다.

헤르만 폰 헬름홀츠(Hermann von Helmholtz, 1821~1894) 독일의 가장 유명한 과학자이자 철학자. 평생을 베를린 대학교의 물리학 교수로 지내면서 생리학, 광학, 전기 역학. 수학, 기상학 등의 분야에서 많은 성과를 남겼다. 가장 큰 업적은 본문에 나오는 열역학 제1법칙의 발견이다.

로베르트 폰 마이어(Robert von Mayer, 1814~1878) 독일의 의사이자 과학자. 선의(船醫) 시절의 경험을 통해 에너지가 보존된다는 법칙을 세웠으나 생전에 받아들여지지 않아 불행한 말년을 보냈다. 사후에 에너지 보존의 법칙을 발견한 공로를 인정받아 영국 왕립 학회로부터 코플리 상을 받았다.

다. 에너지 보존의 법칙이란 에너지는 형태를 바꿀 수 있어서 역학적 에너지가 열 에너지로, 또 열 에너지가 역학적 에너지로 바뀌지만 에너지 총량은 절대 변하지 않는다는 것을 말한다. 그런데 이 법칙을 태양에 그대로 적용하자 심각한 문제가 제기되었다. 태양은 빛과 열을 복사*하는 방식을 통해 우주 공간에 에너지를 내보내는데, 그 에너지는 원래 태양이 가지고 있던 에너지에서 나온 것이다. 따라서 태양은 점점 식어 가고 있음이 틀림없다. 하얘지도록 가열된 대포알이 시간이 흐르면 점점 노란색이 되었다가 빨간색이 되는 것처럼 말이다. 태양이 1년에 섭씨 1도씩 식어 가고 있다는 것은 어렵잖게 증명되었다.

하지만 그다음이 문제였다. 옛날에는 태양이 지금보다 섭씨 2000도나 더 뜨거웠어야 하는데 이는 있을 수 없는 일이었다. 그렇게 되면 지구의 온도가 섭씨 100도를 넘어가게 되어 바다가 펄펄 끓었을 테니 말이다! 태양이 식고 있는 것이 아니라면, 태양은 복사 현상으로 잃은 에너지를 무언가를 통해 계속 메우고 있다는 말이 된다. 다시 말해 태양 내부에 자체적으로 에너지를 만들어 낼 수 있는 어떤 에너지원이 있든지, 아니면 외부

● ● ●

복사 어떤 물체로부터 열이나 전자기파가 사방으로 퍼져 나가는 현상.

로부터 정기적으로 에너지를 공급받아야만 한다.

가장 단순한 생각은, 태양이 석탄과 같은 연료를 태우고 있다는 것이었다. 19세기는 무엇보다도 증기 기관이 지배하던 시기였으니 그런 생각이 나올 법도 하다. 그러나 안타깝게도, 태양 전체가 아무리 최고급 석탄으로 만들어져 있다고 하더라도 태양이 우리가 관측한 것과 같은 에너지를 만들어 내면서 수천 년 이상을 타는 것은 거의 불가능한 일이다.(사람들은 아마도 태양이 석탄을 꾸준히 재공급 받을 수 있다고 가정했던 것 같다.) 상상해 볼 수 있는 화학 연료 역시 전부 마찬가지 결론에 이르렀다. 수소를 연소하는 것처럼 가장 많은 에너지를 내는 반응으로도 수천 년 또는 수만 년이 한계니까 말이다. 따라서 사람들은 어떻게 해도 계산이 맞지 않다는 것을 알았으며, 화학 연료가 타고 있다는 생각은 곧 설득력을 잃었다.

그렇다면 또 다른 에너지원이 될 수 있는 것은 **중력**˚밖에 없었다. 뉴턴이 발견해 낸, 질량을 가진 물체들이 서로 끌어당기는 힘 말이다. 물의 낙하를 이용한 수력 발전소가 돌아갈 수 있

● ● ●

중력 물체들끼리 서로 끌어당기는 힘인 인력 가운데 특히 행성과 물체 사이에 작용하는 인력을 중력이라고 한다.

는 것은 근본적으로 중력이 있기 때문이다. 그런데 중력이 태양력 발전소도 돌릴 수 있을까?

폰 마이어와 켈빈 경으로 더 잘 알려진 영국인 동료 윌리엄 톰슨®은 태양은 그 엄청난 질량 때문에 빠른 속력으로 운석들을 끌어당기며, 그 운석들이 부딪힐 때 생기는 충격이 태양에 에너지를 공급한다고 상상했다.

엉뚱한 생각처럼 보이긴 하지만 일단 따져는 보자. 태양에 다다르는 운석의 속력은 대략 초속 600킬로미터 정도이다. 간단한 계산을 해 보면, 평범한 바위 하나가 태양에 충돌할 때 나오는 에너지는 히로시마 원자 폭탄의 에너지와 맞먹는다는 결과가 나온다. 공룡 시대 말기인 6500만 년 전에 떨어진 것과 같은, 반경 1킬로미터 운석이 지구에 떨어졌을 때 생기는 피해가 어느 정도인지 우리는 짐작으로 알 수 있다. 태양이 내뿜고 있는 에너지를 설명하기 위해서는, 그런 크기의 운석 2조 톤이 매초 태양에 떨어진다고 봐야 한다. 그렇지만 그것은 거의 아

●●●

윌리엄 톰슨(William Thomson 1st Baron Kelvin of Largs, 1824~1907) 스코틀랜드 출신의 영국 물리학자. 글래스고 대학 교수, 총장, 영국 왕립 학회 회장 등 많은 자리를 역임했으며, 물리학과 그 응용 분야에서 다양한 업적을 남겼다.

무엇도 아니다. 1년치를 다 더해도 태양 질량의 3000만 분의 1 밖에 되지 않으니까 말이다. 그런데 그러한 운석 소나기가 있다면 천문학자들 눈에 띄지 않을 수가 없다. 또한 수백만 톤의 충격이 매초 지구에도 가해질 것이므로 우리도 바로 알아차렸을 것이다. 그래서 이 생각 역시 포기해야 했다.

그 후 1854년 헬름홀츠는 중력 이론을 훨씬 더 타당성 있는 형태로 다시 내놓았고, 1862년 톰슨이 거기에 가세한다. 그들은 태양이 중량 때문에 천천히 수축하고 있으며, 그 과정에서 태양이 열을 낸다고 가정했다. 그리고 1년에 수십 미터씩, 아주 조금씩만 수축하면 태양이 발산하는 것과 같은 에너지를 얻을 수 있다는 것을 계산을 통해 증명해 냈다. 따라서 이제 태양의 반경이 줄어들고 있다는 것만 관측하면 되었다. 비록 그걸 실제로 확인하려면 수천 년 후에나 가능하겠지만 말이다.

어쨌든 톰슨은 태양의 반지름이 무한에서 그 당시의 반지름까지 수축하는 데 3000만 년이면 충분하다는 것을 계산해 냈고, 그에 따라 태양의 나이도 밝혀졌다. 그래서 톰슨은 지질학자들이 지구의 나이를 수십억 년이라고 한 것은 틀렸으며, 생물 진화론도 수억 년이라는 진화의 시간을 필요로 하는 것인 만큼 있을 수 없는 일이라고 단호하게 주장했다. 진화론의 주창자인 찰스 다윈* 역시 이에 크게 영향을 받았고, 그래서

1869년에는 태양의 나이가 진화의 시간보다 훨씬 더 짧다는 톰슨의 증명이 자신의 가장 큰 고민거리 중 하나라고 말하기도 했다. 그렇지만 당시 생물학자들과 지질학자들이 두 물리학자의 말을 따른 것은 아니다. 물리학의 법칙을 막무가내로 천문학에 적용한 탓에 실제로 관측된 사실과 모순이 드러났고, 따라서 그들의 추론에 결함이 있는 것이 분명했기 때문이다.

물리학의 법칙에는 문제가 없는 것 같은데, 그렇다면 도대체 뭐가 문제인 것일까?

● ● ● ●

찰스 다윈(Charles Darwin, 1809~1882) 영국의 생물학자. 젊을 때 해군 측량선 비글호에 박물학자로 승선하여 남아메리카, 남태평양 섬들, 오스트레일리아 등지를 돌아보았다. 이때에 경험한 것과 관찰한 것을 토대로 1859년에 『종의 기원』을 펴내 처음으로 진화론을 주장했다. 다윈의 진화론은 근대 사상과 과학의 형성에 큰 영향을 끼쳤다.

● 태양이란 어떤 별인가?

태양은 노란 왜성에 속한다. 태양은 가스질의 복사 천체이며 지름이 139만 2000킬로미터로 지구의 달 궤도 전체를 포함하고도 남을 정도로 크다. 일반적 구조로 보면 태양은 형성된 이후 46억 년 동안 거의 변하지 않았다. 그러나 자전 속도, 밝기와 지름은 태양풍의 영향을 받아왔으며, 에너지를 생산하는 방식에도 약간의 변화가 있었다.

태양 표면을 우주선에 실린 영상 망원경으로 찍으면 특징적인 현상이 몇 개 보인다. 우선 가장 먼저 눈에 들어오는 것이 태양의 쌀알 무늬이다. 표면까지 올라온 가스덩어리들이 밑에서 올라오는 더 많은 가스의 압력 때문에 사방으로 퍼져 나가고, 일부는 식어서 다시 아래로 가라앉기 때문에 자갈이 위로 돌진하는 모습처럼 보인다. 이것을 쌀알 무늬라고 부르는 것이다.

그 밖에 가장 눈에 띄는 것은 흑점이다. 흑점은 태양 자기 활동의 결과이다. 태양은 위치마다 다른 속도로 자전하기 때문에, 태양의 자기력선은 태양이 회전함에 따라 뒤틀린다. 가장 심하게 뒤틀린 곳에서는 자기장이 확장되어 해당 지역의 가스 흐름을 억제한다. 그래서 이 지역이 다른 지역보다 더 차가워지며, 밖에서 보기에는 상대적으로 어두워 보여서 흑점이 되는 것이다. 평균적으로 흑점의 온도는 섭씨 4200도로, 태양 표면 온도인 섭씨 5700도보다 1500도 정도 차갑다. 태양의 자기 활동 때문에 일어나는 현상으로는 태양 대기에서 일어나는 거대한 가스 구름인 홍염과, 태양의 대기 가스를 수억 도까지 가열시키는 갑작스러운 폭발인 코로나 등이 있다.

● 태양 데이터
질량: 1.99×10^{30}kg, 지구 질량의 33만 3946배
지름: 1,392,000km, 지구 지름의 109.1배
표면 중력: 29.9g
표면 온도: 5700℃
평균 자전 주기: 25.4일
스펙트럼: G2V
은하 중심으로부터의 거리: 2만 5000광년
은하의 궤도 속도: 220km/s
은하의 궤도 주기: 2억 2500만 년

2

태양을 **과학**적으로
설명할 수 있을까?

태양은 왜 뜨거울까?

태양을 둘러싼 논란은 1896년 프랑스의 앙리 베크렐*이 우라늄에서 방사능*을 발견할 때까지 계속되었다. 이어서 1903년에는 퀴리 부부*가 몇 밀리그램의 라듐에서 계속해서 나오

● ● ●

앙리 베크렐(Henri Becquerel, 1852~1908) 프랑스의 물리학자. 방사능의 발견으로 1903년 퀴리 부부와 함께 노벨 물리학상을 받았다. 이 외에도 방사능의 생리적 효과와 베타 입자의 발견과 같은 물리학 분야에서 중요한 업적을 남겼다.

방사능 방사능은 방사선을 내는 능력을 말하며, 방사선이란 불안정한 상태, 즉 높은 에너지 상태에 있는 원자가 안정된 상태로 변하면서 방출하는 에너지를 말한다. 불안정한 원소의 경우 원자핵이 저절로 붕괴하면서 방사선을 방출하는데, 일반적으로 이러한 성질, 또는 그 현상을 두고 방사능이라고 한다.

는 열을 측정함으로써, 물질이 화학 에너지도 중력 에너지도 아닌 다른 어떤 형태로 많은 에너지를 저장할 수 있다는 것을 증명했다. 영국의 조지 다윈°과 어니스트 러더포드°를 비롯한 많은 물리학자들은 그러한 설명을 태양 에너지의 근원을 밝히는 데 즉시 적용했다. 하지만 천문학이 발전함에 따라 태양이 라듐이나 우라늄이 아니라 대부분 수소와 헬륨으로만 이루어져 있다는 사실이 알려졌다. 따라서 방사능은 태양 에너지의 근원이 아니었던 것이다.

● ● ● ●

피에르 퀴리(Pierre Curie, 1859~1906) 프랑스의 물리학자. 원래 자기와 결정 물리학 쪽에 많은 관심을 갖고 연구해 왔으나, 마리 스크로도프스카와 결혼한 뒤로 방사능 연구에 흥미를 느껴 아내와 함께 연구했다. 1903년에 아내, 베크렐과 함께 노벨 물리학상을 공동 수상한 뒤 소르본 교수가 되었다. 그러나 1906년에 교통 사고로 급사했다.

마리 퀴리(Marie Curie, 1867~1934) 폴란드 태생의 프랑스 물리학자이자 화학자. 피에르 퀴리와 결혼한 후 라듐의 발견으로 노벨 물리학상을 공동 수상했고, 남편이 죽은 후에도 연구를 계속하여 1911년 라듐과 폴로늄 발견으로 노벨 화학상을 수상했으며, 소르본 대학 최초의 여성 교수가 되었다. 백혈병으로 사망한 지 61년 만인 1995년 4월 20일 남편 피에르 퀴리와 함께 여성으로는 사상 처음으로 역대 위인들이 안장되어 있는 파리 팡테옹 신전으로 이장되었다.

조지 다윈(George Darwin, 1845~1912) 영국의 천문학자. 주로 조석과 천체의 관계에 대한 연구를 했다. 생물학자 찰스 다윈의 아들이다.

어니스트 러더퍼드(Ernest Rutherford, 1871~1937) 영국의 물리학자. 고주파 전류, 방사능, 핵 물리학 분야에서 활발한 연구를 펼쳐, 1908년 노벨 물리학상을 수상하고 1925년부터 1930년 사이에 왕립 학회 회장직을 역임했다.

그래도 덕분에 문제 해결에는 좀 더 가깝게 다가갈 수 있었다. 실제로 라듐은 자신이 가지고 있는 질량의 아주 작은 일부분을 순수한 에너지로 변환한다. 그때 생긴 에너지가 외부로 방출되고 나면 질량은 가벼워진다. 이를 보면 질량과 에너지가 등가라는 사실을 알 수 있는데, 이것이 바로 1905년 알베르트 아인슈타인*이 발표한 특수 상대성 이론*의 핵심이다.

여기서 물리학에서 가장 유명한 공식 중의 하나가 등장한다. 바로 $E=mc^2$이라는 공식이다. 이 공식은 질량 m과 에너지 E가 등가라는 것을 나타내며, 빛의 속력 c의 제곱이 그 비례 상수로 쓰인다. 여기서 빛의 속력은 초속 30만 킬로미터에 달한다. 이는 1그램의 물질이 2500만 킬로와트시(kWh)라는 엄청난 에너지를 숨기고 있음을 뜻한다. 요컨대 모든 질량은 곧 에너지이고, 모든 에너지는 곧 질량인 것이다. 다만, 질량의 경우

· · ·

알베르트 아인슈타인(Albert Einstein, 1879~1955) 독일 출생의 미국 이론 물리학자. 광양자설, 특수 상대성 이론, 일반 상대성 이론, 통일장 이론 등을 연구하여, 갈릴레이와 뉴턴의 이론이 지배하던 물리학을 완전히 다른 관점에서 뒤흔들었다. 광전 효과와 이론 물리학 연구에서 쌓은 업적으로 1921년 노벨 물리학상을 수상했으며, 사후에 미국에서 아인슈타인상을 제정하여 해마다 두 명의 과학자에게 상을 수여하고 있다.

특수 상대성 이론 상대성 이론과 $E=mc^2$이라는 공식에 대해서는 이 책과 같은 시리즈의 『상대성 이론이란 무엇인가?』를 참조하라.

에너지는 매우 결집되어 있다.

또한, 위의 공식은 에너지 보존의 법칙을 확장하여 질량을 열 에너지, 화학 에너지, 운동 에너지, 중력 에너지와 같은, 있을 수 있는 모든 형태의 에너지 중 하나로 포함시킬 수밖에 없도록 만들었다. 이제 곧 살펴보게 될 핵 에너지 역시 결국 아인슈타인이 발견한 질량 에너지의 한 형태인데, 우라늄과 같은 핵 에너지는 몇 킬로그램만 있으면 커다란 선박으로 세계 일주를 할 수 있으니 놀라운 에너지임에는 분명하다.

질량·에너지 등가 원리의 발견으로 천문학에도 새로운 지평이 열렸다. 태양이 자신의 질량에서 에너지를 끌어내는 것은 아닌지, 질량의 일부분을 복사 에너지로 변환시키는 것은 아닌지 생각해 보게 된 것이다. 태양이 1초마다 뿜어내는 에너지가 400만 톤의 질량에 해당한다는 것을 계산하기는 어렵지 않았다. 그리고 400만 톤은 1.99×10^{27}(1.99×10억$\times 10$억$\times 10$억)톤이라는 태양의 질량과 비교해 보면 정말 아무것도 아니었다. 따라서 이론적으로는 말이 된다. 태양의 질량이 어마어마한 에너지 광맥을 이루고 있고, 태양은 그 에너지를 이용해서 수십억 년 동안 빛을 낼 수 있었던 것이다. 따라서 태양 자체가 수축하고 있다는 톰슨의 주장은 역사 속으로 퇴장하게 된다.

그러나 문제를 다 풀었다고 하기에는 아직 이르다. 질량이 에너지와 등가라고 해서 질량이 에너지로 쉽게 변환된다는 뜻은 아니기 때문이다. 그리고 그러한 변환이 완전하다는 뜻은 더욱 아니고 말이다. 사실상 물리적인 과정을 통해 질량을 효율적으로 에너지로 변환할 수 있다고 생각하는 것은 쉽지 않다. 물질이 동일한 양의 반물질˚과 만나서 사라질 경우 그 효율은 100퍼센트에 달하지만, 태양 근처에는 반태양이 없다. 이는 다행스러운 일이다. 태양과 반태양이 만나면 순식간에 같이 사라져 버릴 테니 말이다. 따라서 질량을 에너지로 변환해 주는 다른 물리 과정을 찾아야만 했다.

20세기 초에 천문학자들은 태양이 본질적으로 다량의 수소와 소량의 헬륨으로 이루어져 있다는 이론을 내놓았다. 그 둘은 화학 원소 중에서 가장 단순한 원소들이다. 수소 원자는 원자핵과 그 주위를 도는 단 하나의 전자로 이루어져 있고, 그 원자핵은 단 하나의 양성자로 이루어져 있다. 헬륨 원자는 네 개의 핵(양성자 두 개와 중성자 두 개)으로 이루어진 원자핵과 그 주위를 도는 두 개의 전자로 이루어져 있다.

● ● ●

반물질 보통의 물질을 구성하는 소립자(양성자, 중성자, 전자 등)의 반입자(반양성자, 반중성자, 양전자 등)로 구성되는 가상적인 물질. 질량은 동일하지만 전하의 부호는 반대가 된다. 물질과 반물질이 만나면 빛만 남기고 소멸된다.

이러한 사실을 바탕으로 질량의 일부를 에너지로 변환하려면 어떤 과정을 생각해 볼 수 있을까? 수소 원자핵인 양성자 네 개를 모아서 헬륨 원자핵 한 개를 만들면 될까?

중성자가 아직 알려지기 전인 1919년에 사람들은 헬륨 원자핵이 네 개의 양성자로 이루어져 있다고 생각했다. 그때 프랑스의 물리학자 장 페랭●이, 만약 양성자 네 개가 헬륨의 원자핵보다 더 무겁다면 그것들이 융합될 때 질량의 차이에 대응되는 에너지를 방출했을 것이라는 의견을 내놓았다. 1920년 영국의 프랜시스 애스턴●은 실제로 헬륨의 원자핵이 양성자 네 개보다 0.7퍼센트 더 가볍다는 것을 증명했고, 역시 영국의 천체 물리학자 아서 에딩턴●은 태양의 수소를 모두 헬륨으로 융합하면 태양이 1000억 년 동안 현재의 빛으로 빛날 수 있을 만

● ● ●

장 페랭(Jean Baptiste Perrin, 1870~1942) 프랑스의 물리 화학자. 분자의 실재를 증명하고 아보가드로 수를 측정하는 등 실험적인 성과를 남겼으며, 1926년 물질의 불연속적 구조에 관한 연구와 침강평형(沈降平衡)에 관한 발견으로 노벨 물리학상을 수상하였다.
프랜시스 애스턴(Francis William Aston, 1877~1945) 영국의 물리학자. 질량분석기를 발명하여 동위 원소에 관한 여러 중요한 사실을 발견했다. 이 업적으로 1922년 노벨 화학상을 수상했다.
아서 에딩턴(Arthur Stanley Eddington, 1882~1944) 영국의 천문학자이자 물리학자. 우주의 구조에 대한 이론과 상대성 이론의 건설자 중 하나로 꼽힌다.

큰 충분한 에너지가 만들어진다는 것을 계산해 냈다. 1930년 중성자가 발견되면서 문제가 조금 복잡해지는 것 같았지만, 전자와 중성미자를 개입시키면 양성자와 중성자가 상호 변환될 수 있다는 사실도 곧 밝혀졌다. 여기에 대해서는 뒤에 가서 다시 알아볼 것이다.

융합의 메커니즘을 찾는 문제 또한 1938년에서 1939년 독일의 천체 물리학자 카를 폰 바이츠제커[*]와 미국의 물리학자 한스 베테[*]가 해결했다. 그리고 나중에서야 태양에 있는 수소 전체가 헬륨으로 변환될 수는 없다는 사실이 알려졌다. 핵융합 반응은 온도가 수백만 도는 되어야 일어나는데, 태양의 중심에서만 그 온도에 도달하기 때문이다. 그러므로 헬륨으로 변환될 수 있는 수소는 실제로 10퍼센트에 지나지 않으며, 태양의 수명은 100억 년 정도밖에 되지 않는다. 지금 태양은 수명의 절

● ● ●

칼 프리드리히 폰 바이츠제커(Carl Friedrich von Weizsacker, 1912~) 독일의 물리학자이자 자연 철학자. 본문에 나오는 원자핵의 질량 공식(바이츠제커베테의 식)이 가장 큰 업적으로 꼽히며, 이외에 천체 물리학 분야에서도 공헌한 바가 크다. 1957년 독일의 핵 무장을 반대하는 「괴팅겐 선언」의 기초자이기도 하다.
한스 베테(Hans Albrecht Bethe, 1906~2005) 프랑스에서 태어났고 독일에서 자라난 미국 물리학자. 핵 반응 이론에 대한 공헌을 인정받아 1967년 노벨 물리학상을 수상했다.

반까지 와 있는 셈이다.

장년기에 접어든 이 태양이라는 별을 이제 조금 더 자세하게 관찰해 보자.

태양은 무엇으로 만들어져 있을까?

태양의 주민등록증을 만든다면 어떤 내용을 써야 할까?

우선 태양은 불투명하다. 태양으로부터 우리가 받고 있는 빛은 태양의 가장 바깥쪽에 있는 어떤 얇은 막에서 나오는 것 같다. 태양을 알 수 있을 만한 기초 자료는 별로 없다. 기껏해야 질량(1.99×10^{27}톤), 반지름(69만 6000킬로미터), 광도(빛의 세기) 정도이다. 하지만 태양에 관한 이론을 세우기 위한 추론 과정의 출발점으로는 그걸로 충분하다.

태양이 매초 내놓는 에너지 중에서 지구에 도달하는 것은 아주 작은 일부에 지나지 않는다. 지표 1제곱미터당 1.4킬로와트 정도다. 이는 200와트짜리 전구를 약 10센티미터 떨어뜨려 놓았을 때 느껴지는 만큼의 열이다. 하지만 그 작은 열이 지구 활동의 거의 절반을 책임지고 있다. 화산 현상과 대륙 이동은 별도로 하더라도 기상 현상과 지질학적 현상도 태양의 영향을 받는다. 지구와 태양 사이의 거리가 1억 4900만 킬로미터나 된다는 사실을 고려한다면 태양이 3.83×10^{26}와트의 빛을 내고 있다는 계산이 나오는데, 이는 1300메가와트급 원자력 발전소 3×10^{20}개를 돌리는 것과 같다.

태양에 관해 우리가 가지고 있는 정보는 대부분 태양으로부터 오는 빛에서 얻는다. 태양의 백색광은 사실 아주 넓은 범위의 색들을 숨기고 있다. 무지개를 통해 보거나 '스펙트럼'이라고 부르는 색들이 모두 태양의 백색광 안에 포함되어 있는 것이다. (이에 대해서는 이 시리즈의 『바다는 왜 파랄까?』를 참조할 것.)

빛의 강도는 노란색에서 최대 수치를 보이는데, 이는 섭씨 5500도에 가깝게 가열된 물체에서 나오는 빛과 일치한다. 그러므로 태양 표면의 온도는 섭씨 5500도일 거라고 추측할 수 있다. 한편 태양의 흑점은 섭씨 3800도로 온도가 훨씬 더 낮은 쪽에 속한다.

태양으로부터 오는 빛을 통해 태양의 화학적 성분도 알 수 있다. 1814년 독일의 물리학자 요제프 폰 프라운호퍼*는 태양 스펙트럼에 가늘고 검은 선들이 백여 개가 나타난다는 것을 발견했다. 1859년 독일의 구스타프 키르히호프*는 줄지어 나타나는 그 뚜렷한 선들이 원자 하나하나에 대응한다는 사실을 밝혀냈다. 1862년 스웨덴의 안데르스 옹스트룀*은 태양 스펙트럼에서 검은 선이 나타나는 것은 태양에 있는 수소 때문이라는 사실을 알아냈는데, 이로써 태양에도 지구와 같은 원소가 있음이 증명되었다. 1868년에는 프랑스 천문학자 쥘 장상*과 영국 천문학자 노먼 로키어*가 지구에서는 본 적이 없는 원소를 태양에서 발견했다고 발표했고, 태양을 의미하는 그리스어 '헬리오스(helios)'에서 이름을 따와서 그 원소에 '헬륨'이라는 이름을 붙였다. 하지만 1893년 영국의 화학자 윌리엄 램지*가

● ● ●

요제프 폰 프라운호퍼(Joseph von Fraunhofer, 1787~1826) 독일의 물리학자. 광학 기기의 개량과 태양 스펙트럼 중 암선의 발견으로 광학과 천문학 연구에서 큰 업적을 남겼다.
구스타프 키르히호프(Gustav Robert Kirchhoff, 1824~1887) 독일의 물리학자. 전자기학과 스펙트럼 분석에서 큰 성과를 거두었다.
안데르스 옹스트룀(Anders Jonas Angström, 1814~1874) 스웨덴의 물리학자. 본문에 언급된 업적 외에도, 태양의 프라운호퍼선(암선)에 새로운 단위를 도입했다. 그 단위는 옹스트룀의 이름을 따서 옹스트롬이라고 명명되었고, Å는 A라고 쓴다.
쥘 장상(Pierre-Jules-Cesar Janssen, 1824~1907) 프랑스의 천문학자.
노먼 로키어(Norman Lockyer, 1836~1920) 영국의 천문학자. 장상과 독자적으로 태양에서 헬륨을 발견했다. 왕립 학회 부회장을 지내고, 《네이처》를 창간하는 등 과학 보급에 노력했다.
윌리엄 램지(William Ramsay, 1852~1916) 영국의 화학자. 아르곤과 헬륨의 발견으로 주기율표에 0족을 추가했다. 방사성 원소 라돈이 붕괴될 때 헬륨이 방출된다는 것을 발견하여 1904년 노벨 화학상을 받았다.

방사성 광물에서 헬륨을 발견함으로써, 헬륨이 지구에도 있음이 밝혀졌다.

분광학* 분야의 연구 결과로, 지구에 있는 것과 같은 화학 원소들이 태양에도 있음을 알게 되었다. 그러나 그 양은 매우 다르다. 태양을 이루는 원자의 92.1퍼센트는 수소, 7.8퍼센트는 헬륨으로 둘을 더하면 99.9퍼센트나 된다. 다른 성분은 아주 조금밖에 들어 있지 않다는 말이다. 그 나머지 성분 중 가장 많은 세 가지 원소는 산소(0.061퍼센트), 탄소(0.03퍼센트), 질소(0.0084퍼센트)이다.

하지만 다 합쳐도 0.1퍼센트밖에 되지 않는 나머지 성분들도 두 가지 면에서 중요한 역할을 하고 있다. 첫째, 그 성분들은 태양을 이루고 있는 환경과 우주의 과거를 알 수 있는 수단이 된다. 둘째, 그 성분들은 태양의 구조에 개입해서 태양 중심에서 복사 에너지가 유출되는 것을 막고 있다. 여기에 대해서는 뒤에 가서 다시 알아보겠다.

• • •

분광학 어떤 물질을 통과한 빛을 분광기를 이용해 스펙트럼으로 나누어 측정·해석함으로써 그 물질의 성질을 연구하는 분야.

태양은 왜 빛날까?

이제 우리는 맨 처음 던졌던 질문에 대한 답을 얻었다. 태양이 빛나는 것은 중력의 영향으로 핵융합 반응을 하기 때문이다. 조금 더 쉽게 말하자면 태양이 빛나는 것은 뜨겁기 때문이고, 태양이 뜨거운 것은 자기 질량의 일부분을 에너지로 변환하기 때문인데, 그러한 변환이 가능한 것은 태양을 이루는 수소가 헬륨으로 융합되기 때문이다. 이러한 융합은 태양 외층의 무게가 태양 내층을 눌러 온도를 높이기 때문에 일어난다. 이는 뒤에 가서 다시 설명할 것이다.

그런데 이와 같은 설명이 맞는지 어떻게 알 수 있을까?

앞에서 우리는 태양을 신으로 보는 생각, 태양이 불변하는 제5원소로 이루어져 있다는 생각, 태양이 석탄 덩어리라는 생각, 태양이 운석 소나기를 맞고 있다는 생각, 태양이 수축하고 있다는 생각, 태양이 방사능 물질이라는 생각을 하나하나 검토해서 차례차례 파기했다.

그렇다면 핵융합 반응을 하고 있다는 것이 다른 설명들보다 더 믿을 만한 이유는 무엇일까? 확신할 수는 없지만 이 이론은, 지금까지 알려져 있는 모든 물리 법칙에 완벽하게 들어맞고, 현존하는 모든 관측 사실과도 일치하는 최초의 이론이다.

물론 부차적으로 해명해야 할 부분이 아직 몇 가지 남아 있다. 예를 들면 이런 것이다. 왜 태양은 수소를 한 번에 모두 써 버리지 않을까? 그리고 핵융합 반응은 왜 수백만 도가 넘는 온도에서만 이루어질까? 태양 표면 온도가 섭씨 5500도를 넘지 않는 이유는 무엇일까? 태양은 어떤 식으로 진화를 해 왔을까?

이 질문들의 답은 핵물리학과 중력에 있다. 여기서는 융합이 이루어지려면 수백만 도의 열이 필요하고, 이 열은 태양 외층이 내층에 가하는 압력으로 인해 생긴다는 사실만 기억해 두어도 좋다. 원자핵에 대해서는 좀 더 알아보는 것은 의미가 있다.

원자핵은 **핵자**, 즉 양성자와 중성자로 이루어져 있으며 핵력으로 함께 붙어 있다. 이 결합을 깨고 핵자들을 따로 떼어놓으려면 원자핵에 에너지를 가해야 한다. 반대로, 핵자들을 모아서 원자핵을 만드는 과정에서는 그 결합을 깰 때 필요했던 만큼의 에너지가 방출된다. 그 결과 만들어진 원자핵이 그 구성 요소의 질량을 더한 것보다 더 가벼운 것은 그 때문이다. **융합** 과정에서 방출된 에너지만큼의 질량이 없어진 것이다. 수소가 헬륨으로 융합되면 최초 질량의 0.7퍼센트에 해당하는 에너지가 방출된다. 별것 아닌 것 같이 보일 수 있지만, 1킬로그램의 수소가 헬륨으로 변환될 때마다 7그램의 물질과 맞먹는 에너지, 즉 거대한 원자력 발전소의 닷새 생산량에 해당하는 1억

8000만 킬로와트가 나온다는 것을 뜻한다. 태양은 매초 6억 톤의 수소를 헬륨으로 변환하는데, 그중 400만 톤이 그렇게 빛으로 사라진다.

수소가 헬륨으로 융합되는 과정은 몇 단계를 거쳐 이루어진다. 융합하는 것은 원자핵이며, 수소 원자핵은 양성자 하나로 이루어져 있다는 것을 먼저 기억하고 시작하자. 우선, 양성자 2개가 융합해서 양성자 1개와 중성자 1개로 이루어진 중수소 원자핵을 만든다.(양성자 중 1개가 중성자로 변환되었음에 주의하자.) 이 중수소는 다시 다른 양성자 1개와 융합해서 헬륨-3($3He$)의 원자핵(양성자 2개와 중성자 1개)을 만든다. 그리고 끝으로 헬륨-3의 원자핵 2개가 융합해서 헬륨-4의 원자핵(양성자 2개와 중성자 2개)을 만들고, 양성자 2개를 내놓는다. 따라서 이 연쇄 반응(**P-P 반응** 또는 양성자-양성자 반응)의 결과를 간단하게 말하자면, 4개의 양성자가 1개의 헬륨 원자핵으로 변환된 것이라고 할 수 있다. 이때 질량 차이에서 나오는 에너지는 **운동 에너지**의 형태(반응에서 만들어진 원자핵의 속력)로 나타나며, 원자핵들이 옆에 있는 원자핵들과 충돌할 때 그 에너지의 일부분이 전달된다.

태양처럼 탄소를 함유한 별의 경우, 탄소를 촉매로 이용해서 수소를 헬륨으로 바꾸는 두 번째 핵융합 반응도 일어난다.

이 반응을 **CNO 순환 반응**(탄소-질소-산소 순환 반응)이라고 한다. 이 반응에서는 탄소의 원자핵이 수소 원자핵 4개와 연속적으로 융합을 하는데, 이때 마지막 원자핵이 불안정한 상태가 되어 탄소 원자핵 1개와 헬륨 원자핵 1개로 분리된다. 처음의 탄소는 그대로 다시 만들어지고 중간의 다른 요소들은 모두 사라지는 것이다. 이 CNO 순환 반응을 간단히 요약하면, 역시 4개의 양성자를 1개의 헬륨 원자핵으로 변환하는 것이라고 할 수 있다. CNO 순환 반응은 높은 온도에서 매우 효과적이라 무겁고 뜨거운 별의 주 에너지원으로 사용되지만, 낮은 온도에서는 P-P 반응보다 효율성이 많이 떨어진다. 그래서 상대적으로 차갑고 작은 별인 태양의 경우, CNO 순환 반응이 만들어내는 에너지는 2퍼센트에 지나지 않고, 98퍼센트는 P-P 반응을 통해 만들어진다.

지구에서는 이러한 핵반응이 일어나지 않는다. 참으로 다행스러운 일이 아닐 수 없다. 그것이 가능했다면 바닷물의 수소가 헬륨으로 융합되어 무시무시한 에너지를 방출했을 것이다.

핵반응은 온도가 수백만 도일 때만 가능하다. 핵자들을 끌어당겨 원자핵 속에서 서로 붙어 있게끔 만드는 핵력이 영향을 미치는 거리가 아주 짧기 때문이다. 따라서 핵융합이 일어나려면 원자핵 두 개가 서로 매우 가깝게 다가가야 하는데, 원자핵

끼리는 같은 전기를 띠고 있기 때문에 서로 반발할 뿐 가까워지려고 하지 않는다. 원자핵을 가까워지게 하는 유일한 해결책은 원자핵들에 매우 큰 속력을 가하는 것이다. 이 경우 원자핵들은 전기적인 반발력 때문에 힘껏 저항하지만 결국 서로 가까워지게 되고, 가까이 다가가면 전기적 반발력보다 더 큰 힘인 핵력이 작용하여 융합하게 된다. 그런데 원자핵에 큰 속력을 가하는 것이나 원자핵에 강한 열을 가하는 것은 결국 같은 일이다. 물리학에서 열이란 원자나 원자핵의 무질서한 동요를 뜻하므로 더 뜨거울수록 더 빨리 움직인다는 것을 뜻한다. 어쨌든 원자핵의 그러한 성질 때문에 융합을 일으키기 위해서는 원자핵을 수백만 도의 온도로 가열하는 과정이 필요한 것이다. 이를 두고 열 핵융합 반응이라고 하는 것도 그 때문이다.

　4개의 양성자가 융합해서 양성자 2개와 중성자 2개를 가진 헬륨 원자핵 1개를 만들려면, 그 과정에서 2개의 양성자는 2개의 중성자로 변환되어야 한다. 그런데 양성자가 중성자로 바뀔 때, 양전자(반전자)* 1개와 중성미자 1개가 덤으로 생긴다. 양전자는 태양에 있는 수많은 전자와 함께 곧바로 사라지지만,

● ● ●

양전자(반전자)　전자의 반물질. 속성은 전자와 같으면서 양의 전하를 띤다.

중성미자는 상호 작용을 거의 하지 않고 태양의 중심에서 바로 튀어나온다. 다시 말해 중성미자는 태양이 투명한 물체인 것처럼 그냥 통과할 수 있다.

따라서 '태양 중성미자'를 연구하면, 태양 이론에서 표면에서 관측한 사실을 바탕으로 가설로만 다룰 수 있었던 것과는 달리, 태양 중심에서 일어나는 현상에 관한 직접적인 정보를 얻을 수 있을 것이라고 예측할 수 있다. 하지만 25년 동안 어렵게 어렵게 중성미자를 추적했지만, 태양 이론이 예상했던 것에 비해 훨씬 적은 양의 중성미자만 관측할 수 있었다. 이에 맞추어 관측할 수 있는 다른 사실들과 어긋나지 않도록 태양 이론을 수정하려는 시도가 있었지만 모두 실패로 돌아갔고, 태양 이론의 가치만 의심받았다. 그런데 아주 최근에야, 문제가 있었던 것은 태양 이론이 아니라 중성미자 이론이었다는 사실이 증명되었다. 중성미자가 그렇게 적게 발견된 이유는, 중성미자가 태양의 중심에서 만들어진 후 현재의 기술로는 탐측할 수 없는 '불임성' 변이형으로 바뀔 수 있기 때문이라는 사실이 밝혀진 것이다.

태양은 왜 한 번에 다 타 버리지 않을까?

태양에 들어 있는 수소, 더 정확하게 말해서 핵융합 반응이 일어날 수 있을 만큼 충분히 온도가 높은 수소가 전부 한꺼번에 융합하지 못할 이유는 일단 없는 것 같다. 오히려 그렇게 되는 게 맞지 않느냐고 생각할 수도 있다.

실제로 핵융합 반응이 일어날 때마다 많은 에너지가 방출되며, 이 에너지는 다시 원자핵에 열을 가한다. 가열된 원자핵들은 더 쉽게 융합하고, 그 결과 더 많은 에너지가 방출되며, 이 에너지는 다시 원자핵을 가열하고, 따라서 융합은 또 더 쉽게 일어난다. 그렇게 꼬리에 꼬리를 무는 과정이 계속될 수 있는 것이다. 따라서 핵융합 반응은 온도가 올라갔을 때 갑자기 빨라지게 되어 있고, 태양에서도 반응이 폭주할 수 있지 않을까 우려하는 것은 당연하다.

하지만 사실은 전혀 그렇지 않다. 한 번에 타 버리기는커녕, 지질학적, 화석학적 흔적이 증명해 주듯이 태양은 지난 수억 년간 한결같은 모습으로 빛났다. 따라서 태양 내부의 온도를 제한해서 과열을 막는 자동 온도 조절기 같은 메커니즘이 있다고 추측할 수밖에 없다. 답은 사실 아주 간단하다. 과열을 막는 것은 태양의 질량 자체, 더 정확하게 말하자면 중력이다.

중력은 열에 대해서 평소와는 다른 양상을 보인다. 일반적인 경우 물질은 에너지를 받을 때 열이 난다. 난로 위에 올려둔 물 주전자를 생각해 보라. 그런데 양성자나 성운처럼 중력(인력)에 구속받고 있는 물체들은 에너지를 잃을 때 열이 난다. 서로 끌어당기느라 에너지는 잃지만, 그렇게 끌어당기는 과정에서 열이 나는 것이다. 물체들이 가까이 붙어 있을수록 인력에 의해 물체들의 속도는 더 빨라지는데, 그렇게 해서 얻은 속도는 온도와 같기 때문이다.

따라서 물체들이 평형 상태일 때, 그 물체들이 서로 떨어져 있는 평균 거리, 즉 그 구조의 크기와 온도 사이에는 한 가지 관계가 성립된다. 크기가 감소하면 온도가 높아지고, 크기가 증가하면 온도가 낮아지는 것이다. 앞에서 헬름홀츠와 톰슨이 태양이 수축하면 복사 현상에 의해서 에너지를 잃더라도 뜨거워진다고 생각했던 것도 이 때문이다. 에너지 보존의 법칙에도 문제는 없다. 태양이 복사 현상으로 잃은 에너지와 태양을 가열하는 데 필요한 에너지는 중력이 수축 과정을 통해 동시에 해결하고 있으니까 말이다.

그런데 중력도 불안정한 상태를 야기한다. 태양이 더 수축하면 온도가 더 올라가면서 복사 에너지량 또한 증가하며, 이에 따라 태양은 더 수축하게 된다. 결국 과열 상태에 이르는 것이다. 하지만 이번에도 역시 태양이 수억 년 동안 안정된 상태로 있는 것을 보면 중력만으로는 모든 것을 설명할 수 없다는 사실을 알 수 있다.

중력도 핵융합 반응도 하나씩 따로 놓고 보면 불안정하다. 하지만 그 둘이 만나면 서로를 안정시킴으로써 자동으로 온도가 조절된다. 그 메커니즘은 다음과 같다.

태양 중심의 온도가 올라가면 핵융합 반응이 가속화하면서 초과 에너지가 발생한다. 그러나 그다음에 태양의 중심이 팽창하면서 핵융합 반응으로 만들어 낸 초과 에너지를 중력에 의한 위치 에너지로 흡수한다. 그렇게 되면 태양의 중심이 식으면서 온도가 내려가고, 온도가 내려가면 핵융합 반응의 속도가 줄고 중력이 우세해지면서 태양의 중심이 수축된다. 그러면 다시 태양 중심의 온도가 올라가면서 핵융합 반응이 빨라지는 처음으로 돌아간다.

중력이라는 자동 온도 조절기는 매우 효과적이다. 태양 이론에 따르면, 태양의 온도는 지난 6억 년 동안 5퍼센트밖에 변하지 않았다. 별의 인생이란, 별을 수축시키려는 중력과 별을 팽창시키려는 핵 에너지 사이의 끊임없는 전쟁이라고 할 수 있다. 이 전쟁은 무승부만 계속되는 길고 긴 대결이며, 복사 현상 때문에 어쩔 수 없이 발생하는 손실을 핵 에너지가 다시 채워

놓는 한 그 전쟁은 계속될 것이다. 핵 에너지가 바닥난다면? 그때는 중력이 승리를 하고, 그 별은 마침내 파괴된다. 블랙홀이 탄생하는 것이다.

그러면 이 온도 조절기의 스위치는 무엇일까? 그 역시 중력이다. 중력은 핵반응이 시작돼서 수축이 멈출 때까지 별을 수축시킨다. 평형 상태에 이르는 온도는 별의 질량과 반지름에 따라 다르다. 즉 온도는 질량에 정비례하고 반지름에 반비례한다. 태양과 같은 질량과 반지름을 가진 별의 경우 평형 온도는 대략 수백만 도 정도이다. 정말 안성맞춤이다! 핵융합 반응이 일어날 수 있으며, 따라서 태양이 빛날 수 있게 해 주는 딱 그만큼인 것이다. 우리는 운이 좋은 편이다. 태양의 질량이 지금의 10분의 1 정도로 작았다면 태양을 밝힐 수 있는 온도가 되지 못했을 것이고, 그 결과 태양은 영원히 어두운 별로 남아 있었을 테니까 말이다. 온도가 질량과 함께 증가하기 때문에 질량이 큰 별은 질량이 작은 별보다 평형 온도가 더 높고, 따라서 핵융합 반응이 더 빠르게 일어나서 그 별에 있는 수소도 더 빨리 타게 된다. 질량이 작은 별은 약한 불로, 질량이 큰 별은 센 불로 타는 것이다. 그리고 질량이 큰 별의 경우, 처음에는 더 많은 양의 수소를 확보하고 있더라도 작은 별에 비해서 더 빨리 그 수소를 태우기 때문에, 그만큼 수명은 아주 짧다. 계산에 따르면, 태양의 수명이 100억 년이라면, 질량이 3배인 별의 수명은 10억 년도 되지 않는다. 반면 질량이 태양의 3분의 1인 별은 1000억 년을 산다.

태양은 왜 그렇게 차가울까?

태양의 열이 수백만 도의 온도에서만 가능한 핵융합 반응 때문에 생기는 것이라면 그 표면 온도는 왜 섭씨 5500도밖에 되지 않을까? 태양 전체가 1500만 도의 수소 덩어리여야 하지 않을까? 태양은 왜 그렇게 차가운 것일까?

태양이 차가운 이유는 에너지가 태양의 중심에서만 만들어지고, 표면으로 잘 전달되지 않기 때문이다. 태양 외층의 무게가 내층을 누르면서 열을 가한다는 것은 앞에서 얘기했다. 표면 근처에 있는 층은 거의 눌리지 않으므로 가열되지도 않고, 그래서 밀도와 온도가 낮다. 태양 내부로 들어갈수록 위에 쌓이는 물질이 많아지고, 압력과 밀도가 증가하면서 온도도 더 올라간다. 태양의 중심에 이르면 온도는 거의 1500만 도에 달한다. 태양은 원래부터 중심으로 갈수록 중력 때문에 밀도와 압력, 온도가 증가하는 층층 구조로 되어 있다. 태양 내부로 갈

수록 온도가 크게 올라가고 핵반응은 온도가 높아질수록 빨라진다는 이와 같은 사실은 에너지의 생성에 큰 영향을 끼친다. 이 현상 때문에 수소가 헬륨으로 융합될 수 있는 구역은 태양 부피의 1퍼센트, 반지름의 20퍼센트밖에 되지 않으며, 에너지의 절반이 태양 중심의 1000분의 1, 반지름의 10퍼센트 안쪽에서 만들어진다. 에너지가 생기는 것은 별의 전체 구조와는 별 관련이 없다. 오히려 별의 전체 구조가 에너지 생성에 맞추어 간다고 하는 게 더 맞다. 예를 들어 별의 수명이 다해서 에너지 생성에 변화가 생길 때 별의 구조는 다시 조정되는데, 헬륨이 탄소로 융합되면서 부피가 팽창됐다가(**적색 거성 단계**), 그 연료들이 다 떨어지면 부피가 다시 수축된다(**백색 왜성 단계**).

별 중심에서 생성된 에너지가 바깥쪽으로 옮겨 갈 때 얼마만큼 어려움을 겪는지에 따라 별의 구조가 결정된다. 이때 에너지를 이동시키는 방법이 두 가지 있다. 에너지를 지닌 물질 자체가 이동하는 것과, 물질이 에너지를 바깥쪽으로 복사하는 것이다. 하지만 물질도, 복사 에너지도 태양 내부처럼 뜨겁고 밀도가 높은 환경에서는 자유롭게 이동할 수 없기 때문에 에너지 이동은 매우 느리다.

온도가 수천 도 이상을 넘어가면 고체와 액체는 기체 상태로 바뀐다. 더 정확하게 말하면 **이온화 가스** 상태로 바뀌는 것이다. 이온화 가스란 바깥쪽 전자의 일부를 잃어버린 원자로 이루어져 있는 기체를 말하며, 이를 **플라스마**라고 한다. 고온의 플라스마가 가득 찬 환경에서는 복사 에너지가 그대로 빠져 나가지 못하고 아주 조금씩 나누어져 흡수되어 버린다. 복사 에너지를 이루고 있는 입자인 **광자**의 경우 태양의 중심에서 나오자마자 바로 흡수되는데, 나오고 흡수되고 또 다시 나오고 흡수되기를 수십억의 수십억 번 반복한다. 그러는 동안 최초의 강한 에너지는 수백만 개의 광자로 차차 옮아가면서 약한 에너지로 바뀐다. 이것이 가시광선의 광자이다. 그런데 이러한 과정이 끝나려면 자그마치 수십만 년이 걸린다. 태양의 중심에서 만들어진 몹시 뜨거운 광자는 인파가 몰린 공연장 같은 곳에서, 거의 움직이지 않는 사람들을 비집고 출구로 나가려는 사람에 비유할 수 있다. 그 사람은 다른 사람들을 떠밀다가 기운이 빠져 주저앉아 버리는 것이다. 하지만 대신 사람들을 움직이는 데는 성공한다. 그 움직임은 물론 느리지만, 결국 사람들 모두가 조금은 바깥쪽으로 발을 떼게 된다.

태양 중심에서 매우 높았던 온도는 그렇게 주변으로 가면서 조금씩 낮아지는데, 플라스마가 복사 에너지의 이동을 얼마나 막느냐에 따라 그 이동 속도는 달라질 수 있다. 오늘날 천문학자들이 태양 모델을 만들 때 부딪히는 어려움 중 하나가 바로

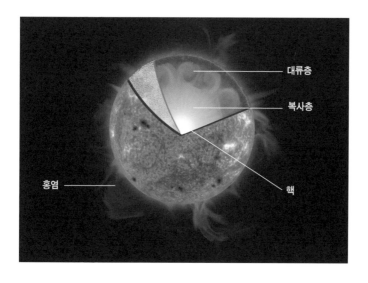

대류층

복사층

홍염

핵

태양의 내부 구조

이 제동 장치, 즉 플라스마의 불투명성이다. 플라스마의 불투
명성은 수소와 헬륨 다음으로 많이 포함되어 있는 성분들에 따
라 민감하게 좌우되기 때문에 파악하기가 어렵고, 그래서 아직
도 정확한 정보를 얻은 바가 없다. 앞에서 보았듯이 그러한 성
분들은 태양에 아주 조금밖에 들어 있지 않다. 따라서 양이 정
확히 어느 정도인지, 불투명성에는 얼마나 관여하는지를 측정
하기가 힘든 것이다. 계산상으로는 소수의 성분들이 태양 중심
에서는 불투명성의 절반 정도를, 온도가 더 낮은 바깥쪽에서는
90퍼센트 이상을 좌우하는 것 같다.

여기까지는 물질이 움직이지 않고 복사 에너지만 태양의 중심에서 외부로 전파된다고 가정했다. 이제 물질이 움직이는 경우를 살펴보자.

물질에 의해 열이 전달된다는 것은 예를 들면 물 주전자를 약한 불에 올려 두었을 때 일어나는 현상과 같다. 바닥의 물이 데워지면 그 열이 전도에 의해서 위쪽 물로 차츰 전달되는 것이다. 하지만 주전자를 강한 불에 올려 두면 다른 일이 벌어진다. 따뜻해진 물은 위로 올라가고, 차가운 물은 아래로 내려오는데, 물질이 돌면서 자리를 잡는 이러한 운동을 **대류 운동**이라고 부른다.

태양에서도 대류 운동을 볼 수 있다. 기체 덩어리는 상승하면 느슨해진다. 고도가 높아질수록 압력이 감소하기 때문이다. 이때 기체 덩어리의 밀도가 주위 밀도보다 더 크면 기체 덩어리는 다시 아래로 떨어지고, 더 크지 않을 경우에는 계속해서 올라간다. 온도가 빨리 감소될 때도 대류 현상은 발생한다. 물질이 표면으로 올라갔다가 온도가 떨어지면 아래로 다시 내려오는 것이다. 태양의 경우, 중심 가까운 곳에서는 대류가 아무 역할도 하지 않지만, 표면 근처에서는 에너지 운반의 주요 매개체로 작용한다. 대류를 통해 운반되는 에너지 규모가 얼마나 되느냐 하는 문제로 인해 태양 모델을 두고 과학자들 사이에

분란이 일기도 한다. 복잡한 대류 운동을 정확히 분석하기란 매우 어렵기 때문이다.

대류에 의해서든 전도에 의해서든, 태양 중심에서 만들어진 에너지는 수십만 년이 지나면 마침내 표면에 도달한다. 표면에서는 밀도가 매우 낮고 플라스마도 매우 옅기 때문에 복사 에너지는 더 이상 흡수되지 않는다. 거의 느낄 수 없는 태양의 대기 위로 튀어 다니는 광자를 붙잡는 것은 이제 아무것도 없다. 광자는 드디어 태양을 떠나, 거의 완벽하게 투명한 공간으로 똑바로 돌진한다. 그것이 바로 태양 광선이다. 그중 일부는 8분 후 지구에 도착하는데, 덕분에 우리는 태양이 항상 빛나고 있다고 생각한다. 또 다른 일부는 다른 별들에 도착하지만, 대다수 광자는 별들 사이의 우주 공간으로 영원히 날아간다.

태양 이론이 맞는지 어떻게 확인할 수 있을까?

태양 이론에서는 원자핵 반응과 열역학, 중력, 복사 에너지의 방출과 전달에 관한 법칙들을 염두에 두고, 관측을 통해 확인된 태양의 질량과 반지름, 외층의 성분, 표면에서 다양한 파장으로 방출되는 빛의 강도를 그 법칙들과 대조한다. 그러한 태양 이론은 현재 우리에게 보이는 태양과 일치해야 할 뿐만 아니라, 태양의 광도가 지난 6억 년 동안 아주 조금밖에는 변하지 않았음을 보여 주는 화석학적 자료들과도 모순이 없어야 한다. 여기에 한 가지 조건이 더 추가된다. 모든 태양 이론은 우리가 다른 별들에 대해서 알고 있는 내용과도 일치해야 한다는 것이다. 별이란 본질적으로 질량과 화학 성분만 다를 뿐 태양과 같은 것이기 때문이다.

이러한 이론의 틀에서 만들어진 별 모델은 모두 별이 처음 가지고 출발했을 화학 성분을 가정하는데, 그것은 일반적으로 태양의 표면에서 관측할 수 있는 것과 비슷하다. 그리고 중심에서 수소가 감소하고 그에 따라 헬륨이 증가하는 추이를 고려하면서, 시간을 두고 그 별 모델을 진화시킨다. 플라스마의 불투명성이나 대류처럼 아직 명확하지 않은 매개 변수는 다양하게 그 수치를 바꿔 가면서, 어떤 값을 넣어야 46억 년이 지났을 때 현재 태양의 반지름과 광도를 가진 별에 도달하는지 알아보고자 하는 것이 그 목적이다.

별 모델들에 따르면, 중심에 있는 수소 저장량이 감소함에 따라 중심은 수축·가열되고, 에너지 생산은 증가한다. 따라서 태양의 광도는 점점 더 빨리 높아져서 46억 년간 약 27퍼센트 증가했는데, 그중 5퍼센트는 지난 6억 년 동안 이루어진 것이다. 약간이긴 하지만 반지름도 더 커졌고, 표면 온도는 거의 변함없이 머물러 있다. 광도는 앞으로도 일정한 리듬으로 조금씩 계속 증가할 텐데, 그러면 지구의 기후는 몹시 더워지고, 바다는 증발할 것이다. 48억 년 후, 중심의 수소가 고갈된 태양은 적색 거성 단계에 접어든다. 이 단계에서 태양은 중심 부근에 있는 수소를 태우며, 처음에는 중심에 있는 헬륨을 융합하다가, 나중에는 중심 부근에 있는 헬륨까지 융합한다. 이 과정을 거치면 태양의 크기가 지구 궤도까지 팽창하므로 지구는 살아남지 못한다. 시간이 더 지나서 반응을 일으킬 수 있는 물질을 모두 다 써 버리면, 태양은 수축해서 지구만큼 작은 백색 왜성이 되어 천천히 식어 갈 것이다. 여기서부터는 다른 문제니까 더 다루지는 않겠다.

그런데 이러한 태양 모델이 맞는지는 어떻게 확인할까? 그 내용이 관측 사실과 일치한다는 것은 아무 도움도 되지 않는다. 태양 모델이 바로 관측 사실을 설명하기 위해 만들어진 것이니까 말이다. 하지만 태양 이론은 세 가지 시험을 성공적으로 통과했다.

첫 번째 시험은 태양에서 오는 중성미자를 탐지한 것이다.

두 번째 시험은 태양 진동의 탐지와 관계가 있다. 태양은 평형 상태의 수소와 헬륨으로 이루어진 구이다. 우연히 고압이 발생한다든지 해서 그 평형이 부분적으로 깨질 경우, 태양은 압력 파동을 내놓음으로써 평형을 다시 회복한다. 이때의 압축과 팽창으로 인해 태양을 이루는 물질이 몇 미터에서 몇 킬로미터까지 미미하게 이동하는데, 그 진동 운동은 도플러 효과*에 의해 외부에서도 탐지가 가능하다. 이때 태양은 거대한 북처럼 입체적으로 진동한다. 그 음향 파동을 분석해 보면 태양을 가로지르는 소리의 진동을 측정할 수 있다. 그런데 진동의 빠르기는 그 소리가 통과하는 주변 물질의 밀도와 온도에 좌우되기 때문에 이 진동을 측정하면 태양 이론이 옳은지 확인하는 데 도움이 된다. 여기까지 태양 이론은 놀라울 만큼 모든 게 잘 들어맞는다. 이제 세 번째 시험이 남았다. 그것은 태양 이론을 다른 별에 적용시키는 것이다.

열역학과 복사 현상, 중력, 또는 핵물리학에 관한 법칙들은 보편적인 것으로 태양 이론 가운데 태양에만 특별히 적용되어야만 할 이유는 전혀 없다. 태양 이론이 맞는 이론이라면, 질량과 화학 성분이 다른 기체 덩어리에 적용해도 맞아야 한다. 이

• • •

도플러 효과(Doppler Effect) 다가오는 물체에서 방출되는 빛이나 음파가 멀어져 가는 물체에서 방출되는 빛이나 음파보다 더 높은 진동수로 관측되는 현상. 구급차 사이렌 소리가 가까워질 때와 멀어질 때 서로 다르게 들리는 현상이 그 예이다.

론을 관측 사실과 대조해 보는 일도 남아 있다.

별 사이에 존재하는 유일한 중요한 차이는 질량이다. 별의 질량 자체가 별의 반경, 광도, 색깔, 진화 정도를 결정하기 때문이다. 그러므로 질량이 주어지면 정확한 색깔과 광도가 거기에 대응할 것이고, 따라서 색깔과 관련해 별의 광도를 나타낸 도표에 위치로 표시할 수 있다. 질량이 다른 별들을 각각 한 점에 대응해 보면 그 별들은 도표에서 곡선을 따라 일렬로 늘어선다. 이는 20세기 초 덴마크 천문학자 에즈나 헤르츠스프룽*과 미국 천문학자 헨리 노리스 러셀*이 관측한 것과 정확히 일치한다. 도표에서 대다수의 별은 아무렇게나 흩어져 있는 것이 아니라, 주계열이라고 불리는 곡선 위에 줄지어 선다. 이론에 따르면, 별들은 일생 동안 그 위치가 바뀌지 않게 되어 있다. 단, 중심의 수소를 다 써 버려서 별의 구조가 심하게 재조정되

● ● ●

는 수명 말기에는 그렇지 않다. 말기에 이르면 별의 광도와 색깔이 급속도로 변하게 되고, 그래서 적색 거성 단계와 백색 왜성 단계를 거치면서 도표에 나타난다. 초신성*으로 폭발하지 않는 한 말이다. 그러한 동요 단계에서 보내는 시간은 주계열 위에서 보내는 길고 안정된 시기에 비해 훨씬 더 짧다. 그래서 동요 상대의 별을 관측하기가 상대적으로 힘든 것이다.

또 태양 이론은 질량과 관련해서 별의 수명을 계산할 수 있게 해 준다. 앞에서 말했던 것처럼 질량이 큰 별이 질량이 작은 별보다 훨씬 더 강하게 빛나지만 그 수명은 훨씬 더 짧다. 따라서 동시에 생성된 성단이 있을 때, 더 밝은 별에 해당하는 주계열 부분이 점차 사라지는 것을 보게 된다. 이는 가까운 성단에서 관측되는 것과 정확히 일치하는데, 오래된 성단일수록 온도가 낮고 희미한 별들로만 축소되는 것을 볼 수 있다. 태양과 관련해 만들어진 이론은 모든 별에 완벽하게 적용되며, 이는 우리가 태양 이론을 신뢰할 수 있음을 증명해 준다.

● ● ●

초신성 질량이 매우 큰 별의 경우 진화 마지막 단계에 이르면 폭발하면서 엄청난 에너지를 순간적으로 방출하여 평소의 수억 배에 이르는 밝기에 이르렀다가 서서히 어두워지는데, 마치 새로운 별이 생겼다가 사라지는 것처럼 보이기 때문에 이를 초신성이라고 한다.

3

지구에서 태양을
만들 수 있을까?

태양을 만들 수는 없을까?

아무리 써도 끝이 없을 것만 같이 보였던 태양 에너지가 수소처럼 흔한 화학 원소의 헬륨 융합으로 생겨난다는 것을 알게 된 이후, 사람들은 태양 중심에서 일어나는 현상을 지구에서 재현해 보고자 하는 꿈을 꾸어 왔다. 우리에게 친숙한 원자력 발전소는 그러한 바람에 전혀 부응하지 못한다. 원자력 발전소가 이용하는 에너지는 핵융합 에너지가 아니라, 우라늄처럼 매우 무거운 원자핵이 방사성 붕괴를 일으킬 때 방출되는 핵분열 에너지이기 때문이다. 게다가 우라늄은 워낙 희귀해서 정치적·경제적 이익과 목적에서 자유로울 수 없다.

핵융합 반응을 실제로 활용하고자 할 때 우선적으로 부닥치는 문제는, 수소를 1000만 도까지 가열하는 것과 핵융합 반응을 안정시키는 것, 그리고 에너지를 모으는 데 필요한 시간 동안 플라스마를 적절한 용기에 담아 두는 것이다. 태양은 질량을 이용해서 기체의 가열과 기체를 붙잡아 두는 것, 융합을 제어하는 것을 동시에 해결했다. 하지만 우리에게는 그러한 수단이 없다.

하지만 현재 태양과 동일한 결과를 만들어 내기 위해 노력 중인 국제적인 대규모 연구 계획이 많다. 물론 태양보다 규모를 작게 해야겠지만 말이다. 그런 계획에서 나온 아이디어로는, 아주 강력한 레이저로 작은 수소 알갱이를 가열하는 것, 벽은 없지만 강력한 자기장으로 일종의 통을 만들어서 그 안에 플라스마를 가두는 것이 있다. 아직까지는 기체에 불을 붙이고 플라스마를 가두는 데 필요한 에너지가 핵융합 반응 때 방출되는 에너지보다 더 많이 든다는 난점이 있다. 원자핵이 과열되도록 놔두고, 플라스마를 가두려고 애쓰지 않는다면, 우라늄 폭탄을 이용해서 수소를 가열할 수도 있다. 물론 이 경우 나오는 결과물은 태양이 아니라 아주 성능 좋은 수소 폭탄이다.

어쨌든 해결해야 할 문제는 많고 그 과정에서 위험한 부산물이 나올 가능성도 높지만 아직 연구는 계속 진행 중이니 두고 볼 일이다.

더 읽어 볼 책들

● 송은영, 『페르미가 들려주는 핵분열, 핵융합 이야기』(자음과 모음, 2005).

● 헤이즐 리처드슨. 김희준 옮김, 『어떻게 원자를 쪼갤까?』(사이언스북스, 1999).

● 나카야마 시게루, 김향 옮김 『하늘의 과학사』(가람기획, 2001).

● 사이타 히로시, 김장호 옮김 『별에 가까이 간 사람들』(가람기획, 2002).

● 케네스 C. 데이비스, 이충호 옮김 『우주의 발견』(푸른숲, 2003).

논술·구술 시험은 논리적이고 종합적인 사고를 요구한다. 다음에 제시된 문제는 이 책의 주제와 연관이 있는 논술·구술 기출 문제이다. 이 책을 통하여 습득한 과학적 지식과 원리, 입체적이고 논리적인 접근 방식을 활용하여 스스로 문제에 답해 보자.

▶ 별의 광도와 색은 별의 물리적 상태와 진화를 반영한다. 다음 그림은 가까운 별들의 광도-색 관계를 나타낸 H-R도이다. 그림에서처럼 H-R도의 가로축에는 표면 온도, 분광형, 색지수가 혼용되어 쓰인다. 그럴 수 있는 까닭은 무엇인가?

▶ 중력을 정의해 보시오.

옮긴이 | 김성희

부산대 불어교육과 및 동대학원을 졸업했으며 현재 전문 번역가로 활동 중이다.

민음 바칼로레아 04

태양은 왜 빛날까?

2판 1쇄 펴냄 2021년 3월 30일
2판 5쇄 펴냄 2024년 8월 8일

1판 1쇄 펴냄 2006년 1월 5일

지은이 | 알랭 부케
감수자 | 곽영직
옮긴이 | 김성희
발행인 | 박근섭
펴낸곳 | ㈜민음인

출판등록 | 2009. 10. 8 (제2009-000273호)
주소 | 06027 서울 강남구 도산대로 1길 62 강남출판문화센터 5층
전화 | 영업부 515-2000 **편집부** 3446-8774 **팩시밀리** 515-2007
홈페이지 | minumin.minumsa.com

도서 파본 등의 이유로 반송이 필요할 경우에는 구매처에서 교환하시고
출판사 교환이 필요할 경우에는 아래 주소로 반송 사유를 적어 도서와 함께 보내주세요.
06027 서울 강남구 도산대로 1길 62 강남출판문화센터 6층 민음인 마케팅부

한국어판 © (주)민음인, 2006. Printed in Seoul, Korea
ISBN 979 11-5888-766-7 04000
ISBN 979 11-5888-823-7 04000(set)

㈜민음인은 민음사 출판 그룹의 자회사입니다.